Zeig wer du bist, mit dem was du machst! Wer seine ersten Häkelprojekte erfolgreich gemeistert hat, brennt darauf, sich an größeren Herausforderungen zu probieren. Was für ein Glück, dass Mode im aktuellen Häkellook ein absolutes Must-have ist, um durch die kalte Jahreszeit zu kommen.

In diesem Buch erwarten Sie trendige Modemaschen, mit denen Sie zum Fashion-Victim werden. Wählen Sie die passenden Farben für die perfekte Ergänzung Ihres Kleiderschranks aus und los geht's! Mit den enthaltenen Tüchern, Schals und Ponchos sind Sie auf jeden Fall up-to-date und zeigen, was Sie können. Setzen Sie mit Ihrem persönlichen Lieblingsprojekt Ihr ganz persönliches Statement.

Dank der detaillierten Anleitungen gelingen Ihnen die Modelle im Handumdrehen. Sehen Sie Ihrem Lieblingsteil beim Wachsen zu und freuen Sie sich darauf, wenn Sie mit Ihrem persönlichen Look Familie und Freunde begeistern.

Magdalena Melzer

Trotz der luftigen Reihen hält
dieser Loop schön warm.

Lässige Luftmaschen

warmer Loop in starker Farbe

GRÖSSE

Umfang ca. 90 cm
Höhe ausgebreitet 39 cm
Höhe zusammengelegt
14 cm

MATERIAL

* Schachenmayr original
  Merino Extrafine 40
  (LL 40 m/50 g) in Anis
  (Fb 374), 350 g
* Häkelnadel 9,0 mm
* Knopf, ø 5,0 cm
* Wollsticknadel
  ohne Spitze

MASCHENPROBE

Im Grundmuster
mit Nd 9,0 mm
10 fM und 14 R
= 10 cm x 10 cm

Grundmuster

Der Loop wird in flachen fM und in Lm gehäkelt, dabei die flachen fM immer in den Ma-
schenkörper arb. Das heißt, dass unter den
beiden waagrechten Schlingen eingestochen
wird. Jede Rd beginnt mit 1 Lm + 1 fM bzw.
flachen fM in die 2. M und endet mit 1 Km in
die Lm vom Rd-Anfang.

Anleitung

100 Lm anschl und mit 1 Km zur Rd schließen.
1. Rd: 1 Steige-Lm häkeln, in die folgenden
9 M je 1 fM arb. 90 Lm anschl und die Rd mit
1 Km schließen.

2. Rd: 1 Steige-Lm häkeln, in die folgenden
9 M je 1 flache fM arb. 90 Lm anschl und die
Rd mit 1 Km schließen.
Insgesamt 50 Rd häkeln, dabei in jeder
10. Rd die Lm-Kette um 5 Lm erweitern.
42. Rd: Die mittleren 2 fM durch 2 Lm ersetzen, so entsteht eine Öffnung für den Knopf.
43. Rd: Wie gewohnt weiterarb, in die 2 Lm
2 fM häkeln.

Fertigstellen

Die Fäden vernähen. Den rechten und den
linken Rand einschlagen, dabei die Stelle
für den Knopf markieren. Knopf anbringen.

Farbige Akzente werden zum
Eye-Catcher.

Get the Look

Grau mit farbigen Akzenten

GRÖSSE
Breite 145 cm
Höhe 72 cm

MATERIAL
* Schachenmayr original
  Catania Grande (LL 63 m/
  50 g) in Stein (Fb 3242),
  300 g, in Natur (Fb 3105),
  Clematis (Fb 3282),
  Sonne (Fb 3280) und
  Apfel (Fb 3205), je 50 g
* Häkelnadel 5,0 mm
* Wollsticknadel
  ohne Spitze

MASCHENPROBE
Im Rippenmuster
mit Nd 5,0 mm
13 Stb und 7 R
= 10 cm x 10 cm

Rippenmuster
Die Stb in jeder Hin- und Rückr nur in das
hintere M-Glied häkeln, so entsteht ein Rippenmuster. Das 1. DStb wird durch 4 Steige-Lm ersetzt und in jeder R verdreifacht
(= 4 Lm + 2 DStb in die gleiche M). In die
letzte M immer 3 DStb arb.

Farbfolge
Das Mittelteil des Tuches wird in Stein
gehäkelt, die farbigen Rd außen in Natur,
Clematis, Apfelgrün, Natur und Sonne.

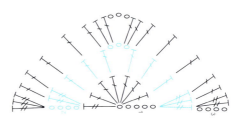

Anleitung

1. R (Stein): 5 Lm anschl, 6 Stb + 1 DStb in die 1. Lm häkeln. Arbeit wenden.
2. R: 4 Steige-Lm + 2 DStb in die 1. M arb, je 1 Stb in die folgenden 3 M häkeln, 3 Lm, je 1 Stb in die folgenden 3 M, 3 DStb in die letzte M arb. Arbeit wenden.
3. R: Wie die 2. R häkeln, um die mittleren 3 Lm werden 2 Stb, 3 Lm, 2 Stb gearbeitet.
4.-27. R: Wie die 3. R häkeln.
Nun wird der farbige Rand in Rd gehäkelt.
1. Rd (Natur): In Natur auf der langen Seite des Tuchs anschlingen und weiter in Rd arb.
In jedes DStb je 3 hStb häkeln (das 1. hStb durch 2 Steige-Lm ersetzen). In die beiden seitlichen Ecken jeweils 5 Lm arb, zwischen jedes Stb (nicht in die M sondern unter den Umschlagfaden) je 1 hStb häkeln. In die vordere Spitze 2 hStb + 3 Lm + 2 hStb arb. Die Rd mit 1 Km in die 2. Steige-Lm vom Rd-Anfang beenden.
2. Rd (Clematis): In einer seitlichen Ecke ansetzen. 3 Steige-Lm, 2 Stb, 3 DStb, 3 Stb häkeln, dann * 3 hStb übergehen, zwischen das 3. und 4. hStb der Vor-Rd 3 Stb arb. Ab * fortlaufend wdh. In die vordere Spitze 3 Stb + 3 Lm + 3 Stb arb. In die andere seitliche Ecke 3 Stb + 3 DStb + 3 Stb arb. Die Rd mit 1 Km in die 3. Steige-Lm vom Rd-Anfang beenden.
3. Rd (Apfelgrün): In jede M der Vor-Rd je 1 fM arb. In den seitlichen Ecken werden je 4 fM verdoppelt, in die vordere Spitze 2 fM + 2 Lm + 2 fM häkeln.
4. Rd (Apfelgrün): Mit 2 Steige-Lm + 1 Stb + 1 Lm beginnen, in jede 2. fM der Vor-Rd 1 Büschel-M aus 2 Stb + 1 Lm arb. In den seitlichen Ecken in jede 2. fM 1 Büschel-M aus 2 Stb arb. Für die vordere Spitze 2 Büschel-M aus 2 Stb + 3 Lm + 2 Büschel-M aus 2 Stb häkeln. Die Rd mit 1 Km in das 1. Stb vom Rd-Anfang beenden.
5. Rd (Natur): In jeden Stb-Zwischenraum 1 fM + 1 Lm arb.
6. Rd (Sonne): In 1 Lm der Vor-Rd mit 1 fM beginnen, * in die nächste Lm 5 Stb häkeln, in die folgende Lm 1 fM. Ab * stets wdh. Die Rd mit 1 Km in die 1. fM beenden.

Fertigstellen

Alle Fäden vernähen.

Einfache Muster werden mit dem richtigen Garn geschickt in Szene gesetzt.

State of the Art

Muschelmuster voll im Trend

GRÖSSE
Breite 144 cm
Höhe 96 cm

MATERIAL
* Schachenmayr original Multicolor (LL 90 m/ 50 g) in Esprit Color (Fb 83), 350 g
* Häkelnadel 4,0 mm
* Wollsticknadel ohne Spitze

MASCHENPROBE
Im Muschelmuster mit Nd 4,0 mm 3,5 Muscheln und 10 R = 10 cm x 10 cm

Muschelmuster
3 Stb, 1 Lm, 3 Stb jeweils in 1 Lm-Bogen der Vor-R häkeln.

Anleitung

1. R: 4 Lm anschl, 1 Stb + 3 Lm +2 Stb in die 1. Lm häkeln. Arbeit wenden.

2. R: 8 Lm arb, 1 fM in den Lm-Bogen der Vor-R, 5 Lm + 1 Stb in die 4. Steige-Lm der Vor-R häkeln. Arbeit wenden.

3. R (Hinr/Stb-Bogen-R): Jede Hinr beginnt mit 3 Steige-Lm. In jeden Lm-Bogen der Vor-R je 3 Stb, 1 Lm, 3 Stb häkeln. 1 fM in die fM der Vor-R arb, die R endet mit 1 Stb in die 3. Steige-Lm der Vor-R.

4. R (Rückr/Lm-Bogen-R): Jede Rückr beginnt mit 8 Lm (3 Steige-Lm als Ersatz für das 1. Stb + 5 Lm für den Bogen). 1 fM in die Lm im Stb-Bogen der Vor-R häkeln (zwischen den 3 Stb). 5 Lm für den Bogen häkeln. Für den letzten Lm-Bogen 5 Lm und 1 Stb in die 3. Steige-Lm der Vor-R arb. Arbeit wenden.

5. R (Hinr/Stb-Bogen-R): Jede Hinr beginnt mit 3 Steige-Lm. In jeden Lm-Bogen der Vor-R je 3 Stb, 1 Lm, 3 Stb häkeln. 1 fM in die fM der Vor-R arb. Enden mit 3 Stb, 1 Lm, 3 Stb. Die R endet mit 1 Stb in die 3. Steige-Lm der Vor-R. Arbeit wenden.

6. R (Rückr/Lm-Bogen-R): Jede Rückr beginnt mit 8 Lm (3 Steige-Lm als Ersatz für das 1. Stb + 5 Lm für den Bogen). * 1 fM in die Lm im Stb-Bogen der Vor-R häkeln (zwischen den 3 Stb). 5 Lm für den Bogen häkeln *. Von * bis * bis zum Ende der R wdh. Für den letzten Lm-Bogen 5 Lm und 1 Stb in die 3. Steige-Lm der Vor-R arb. Arbeit wenden.

7.-16. R: Im Musterverlauf die 5. und 6. R stets wdh.

17.-80. R: In den Hinr die 1. und letzten 4 Bögen jeweils wie gewohnt arb, die mittleren Bögen durch 5 Lm ersetzen. Die Rückr wie gewohnt arb, die fM in die mittleren Lm-Bögen der Vor-R häkeln.

81.-84. R: Die Hinr komplett im Muschelmuster arb.

85. R: Die Lm zwischen den Stb im Stb-Bogen weglassen. Stattdessen fortlaufend 6 Stb in den jeweiligen Bogen der Vor-R arb.

Fertigstellen

Die Fäden vernähen. Für eine schöne Form das Tuch anfeuchten, spannen und trocknen lassen.

Mein Tipp für Sie

Vergrößern Wenn Sie ab der 17. Reihe in Hin- und Rückreihen die Luftmaschenbögen mit 7 Luftmaschen anstatt von 5 Luftmaschen häkeln, so wird Ihr Tuch breiter.

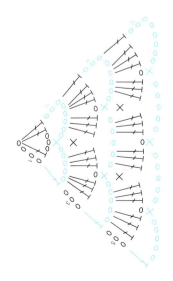

Stripes make your Day

bunter Poncho für trübe Tage

GRÖSSE
Breite oben 30 cm
Breite unten 62 cm
Höhe ohne Fransen
52 cm
Höhe mit Fransen
62 cm

MATERIAL
* Schachenmayr original Catania Grande (LL 50 g/63 m) in Lagune (Fb 3207) und Weiß (Fb 3106), je 250 g, in Apfel (Fb 3205), 100 g
* Häkelnadel 6,0 mm
* Wollsticknadel ohne Spitze

MASCHENPROBE
Im Grundmuster
mit Nd 6,0 mm
11 hStb und 11 R
= 10 cm x 10 cm

Grundmuster

Der Poncho wird in tiefer gestochenen hStb gehäkelt. Dazu nicht wie gewohnt in die M einstechen, sondern zwischen die hStb unter den Umschlagfaden. Für die Spitze werden mittig Stb und DStb zugenommen, auch hier immer zwischen die Stb unter den Umschlagfaden häkeln. Die Rd beginnt immer mit 1 Steige-Lm und 1 hStb in die gleiche M und endet mit 1 Km in die Steige-Lm.

Farbfolge

* 2 Rd in Weiß, 2 Rd in Lagune, ab * fortlaufend wdh.

Anleitung

In Weiß 67 Lm anschl und mit 1 Km zur Rd schließen.
1. Rd: Zunächst 1 Rd (normale) hStb nach dem Grundmuster häkeln.
2. Rd: Wie die 1. Rd, aber mit tiefer gestochenen hStb arb, für einen schönen Fb-Wechsel die Km in Lagune häkeln.
3.+4. Rd: In Lagune hStb arb, die abschließende Km in Weiß häkeln.
5.-15. Rd: Weiter in hStb häkeln. Im Wechsel 2 Rd in Weiß und 2 Rd in Lagune arb.
16. Rd: Die 34. M als Mitte markieren: In der 33. M 1 hStb + 1 Stb, in die folgende M (Mitte) 1 Stb + 1 DStb + 1 Stb, in die nächste M 1 Stb + 1 hStb, weiter in hStb arb.
17. Rd: 1 Rd hStb häkeln, ohne Zunahme.
18.-54. Rd: Die 16. und 17. Rd stets wdh.
55. Rd: Für einen schönen Abschluss 1 Rd Krebs-M in Apfel häkeln.

Fertigstellen

Alle Fäden vernähen. Den oberen Rand ebenfalls mit Krebs-M in Apfel umhäkeln. An der unteren Kante rundherum Fransen anbringen.

Urlaubsfeeling – mit dem Lieblingsmodell von schönen Stunden träumen.

Happy Holiday

mediterraner Look für die Schultern

GRÖSSE
Durchmesser 90 cm
Höhe 27 cm

MATERIAL
* Schachenmayr original Merino Super Big Mix (LL 80 m/100 g) in Jazz Color (Fb 185), 800 g
* Häkelnadel 7,0 mm
* Wollsticknadel ohne Spitze
* Schalnadel

MASCHENPROBE
Im Grundmuster mit Nd 7,0 mm
12 Relief-Stb und 8 R
= 10 cm x 10 cm

Grundmuster

Die Stola wird in R mit Relief-Stb von vorn und Relief-Stb von hinten gehäkelt.
Die R beginnt mit 3 Steige-Lm (als Ersatz für das 1. Stb) und 1 Stb in die gleiche M und endet mit 2 Stb in die 3. Steige-Lm der Vor-R.

Anleitung

70 Lm anschl und in 7x 10 M aufteilen und mit Fäden markieren. Es entstehen 7 Blöcke von je 10 M.
1. R: Die R in Stb arb, in Block 1, 3, 5 und 7 jeweils die 1. und letzte M verdoppeln.

2. R: In Block 1, 3, 5 und 7 die Relief-Stb von vorn häkeln, dabei das 1. und letzte Stb verdoppeln. In Block 2, 4 und 6 die Relief-Stb von hinten ohne Zunahme arb.
3. R: In Block 1, 3, 5 und 7 die Relief-Stb von hinten häkeln, dabei das 1. und letzte Stb verdoppeln. In Block 2, 4 und 6 die Relief-Stb von vorn ohne Zunahme arb.
4.-21. R: Im Wechsel wie die 2. und 3. R arb.

Fertigstellen

Die Seiten, den oberen und den unteren Rand mit fM umhäkeln. Fäden vernähen.

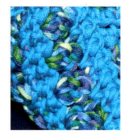

Ein Spiel mit Muster und Farben. So wird die Lieblingsfarbe zum neuen Hingucker.

Blaupause

dress up in deiner Lieblingsfarbe

GRÖSSE

Umfang oben ca. 85 cm
Umfang unten ca. 150 cm
Höhe 48 cm

MATERIAL

* Schachenmayr original Merino Super Big Mix (LL 80 m/100 g) in Ocean Color (Fb 188), 500 g, in Pool (Fb 69), 400 g, und in Anis (Fb 22), 100 g
* Häkelnadel 8,0 mm
* Wollsticknadel ohne Spitze

MASCHENPROBE

Mit Nd 8,0 mm
11 fM und 6 R fM + 2 R Büschel-M
= 10 cm x 10 cm

Anleitung

Der Poncho wird in Rd gehäkelt.
Die Rd in Pool nur in fM arb.
Die Rd in Ocean Color in Büschel-M (3 Stb in 1 M arb und zusammen abmaschen) häkeln. In Pool 80 Lm anschl und mit 1 Km zur Rd schließen.

1. Rd: 1 Steige-Lm und 1 fM in die 1. M, in jede folgende M 1 fM. Mit 1 Km in die 1. Steige-Lm die Rd schließen.

2. Rd (Ocean Color): 2 Steige-Lm + 2 Stb zusammen abmaschen, * 1 Lm, 1 M überspringen, in die folgende M 1 Büschel-M häkeln *. Von * bis * stets wdh. Die Rd endet mit 1 Lm und 1 Km in die 1. Büschel-M.

3. Rd (Pool): In jede Büschel-M und jede Lm 1 fM arb, dabei jede 10. M verdoppeln.

4. Rd (Pool): In jede M 1 fM häkeln, dabei immer nur in das hintere M-Glied einstechen.

5. Rd: Wie die 2. Rd häkeln.

6. Rd: Wie die 3. Rd arb, jede 11. M verdoppeln.

7. Rd: Wie die 4. Rd arb.

8.-34. Rd: Die 2.-4. Rd stets wdh, dabei in der 9., 12., 15., 18., 21. und 24. Rd die 12., 13., 14., 15., 16. und 17. M verdoppeln. Nach der 24. Rd keine M mehr verdoppeln.

Quaste (2x)

Für eine Quaste ein Pappstück in der Höhe der gewünschten Quastenlänge zuschneiden. Die Pappe mit Garn umwickeln. Den oberen Teil mit einem extra Faden verknoten. Den unteren Teil an der Kante aufschneiden. Das Fadenbündel ca. 1,5 cm unterhalb des oberen Fadens abbinden und mehrfach umwickeln. Den unteren Rand begradigen. Die 2. Quaste ebenso anfertigen.

Fertigstellen

Die Fäden vernähen. In Anis eine dicke Kordel von 120 cm Länge anfertigen und durch die Büschel-M in der 2. Rd ziehen. An beiden Enden der Kordel die Quasten befestigen.

Die Kombination macht's.
Durch das einfache Muster
kommt das Effektgarn
besonders gut zur Geltung.

Lady in Red

Mut zur Farbe

GRÖSSE
Beite 28 cm
Länge 165 cm

MATERIAL
* Schachenmayr original
  Boston (LL 55 m/50 g)
  in Esprit Mouliné
  (Fb 280), 400 g
* Häkelnadel 8,0 mm
* Wollsticknadel
  ohne Spitze

MASCHENPROBE
Mit Nd 8,0 mm
5 Noppen und 6 R
= 10 cm x 10 cm

Noppenmuster

Für 1 Noppe den * 1 U, Faden durch die M
holen, ab * noch 2x wdh. Faden durch alle
M auf der Nd durchziehen (zusammen
abmaschen), erneut den Faden holen und
1 Lm arb.

Anleitung

162 Lm locker anschl.
1. R: In die 2. M von der Nd aus * 1 fM, 1 Lm,
1 M übergehen arb. Ab * stets wdh. Die R endet mit 1 fM. Die Arbeit wenden.
2. R: 1 Steige-Lm und in die 1. M * 1 fM,
1 Lm, 1 M übergehen. Ab * stets wdh. Die R
endet mit 1 fM. Die Arbeit wenden.
3. R: 2 Steige-Lm und 1 Noppe in die 1. M
arb, 1 Lm, 1 M übergehen, im Noppenmuster
weiterarb, dabei in jede fM der Vor-R 1 Noppe häkeln. In jede Lm der Vor-R ebenso 1 Lm
arb.

4. R: fM und Lm im Wechsel häkeln.
5.-12. R: Die 3. und 4. R stets im Wechsel
arb.
13.+14. R: Nun 2 R fM und Lm im Wechsel
häkeln.
Für die seitlichen Noppen in die letzte fM
rechts einstechen und * 8 Lm anschl, in die
3. Lm von der Nd aus 1 Noppe arb, 1 lockere
Km in die gleiche Lm, 4 Lm, 1 Km in die letzte fM der vorletzten R arb. Ab * stets wdh,
dabei die Km immer in die R der fM arb. Auf
der anderen Seite wdh.

Fertigstellen

Alle Fäden vernähen.

Denim de Luxe

Must-have für den Jeans-Look

GRÖSSE
Breite 101 cm
Höhe 138 cm

MATERIAL
* Schachenmayr original Boston Style (LL 60 m/50 g) in Jeans Color (Fb 552), 500 g
* Häkelnadel 8,0 mm
* Wollsticknadel ohne Spitze

MASCHENPROBE
Im Lochmuster mit Nd 8,0 mm
10 M x 8 R
= 10 cm x 10 cm

Anleitung

4 Lm anschl.

1. R: 1 Stb in die 1. Lm häkeln. Arbeit wenden.

2. R: 1 Lm + 1 fM in das Stb der Vor-R häkeln, 1 fM um die Lm der Vor-R, 1 fM in die 3. Steige-Lm arb.

3. R (Hinr): 3 Steige-Lm + 1 Lm + 1 Stb in die 1. fM arb, 1 M übergehen, 1 Lm + 1 Stb in die letzte fM arb.

4. R (Rückr): 1 Lm + 1 fM in die 1. M. * 1 fM um die Lm der Vor-R, 1 fM in das Stb der Vor-R. Ab * stets wdh. Die letzte fM in die 3. Steige-Lm der Vor-R arb.

5. R: 3 Steige-Lm + 1 Lm + 1 Stb in die 1. fM arb, * 1 M übergehen, 1 Lm, 1 Stb in die nächste M häkeln. Ab * stets wdh. In die letzte M 1 Stb arb.

Die 4. und 5. R bis zur gewünschten Höhe stets wdh.

Fertigstellen

Die Fäden vernähen. Für eine schöne Form das Tuch anfeuchten, spannen und trocknen lassen.

Dress to Impress

der Begleiter für den Gang ins Büro

GRÖSSE
Länge 180 cm
Breite 30 cm

MATERIAL
* Schachenmayr original Merino Extra-
  fine 40 (LL 40 m/
  50 g) in Kamel
  (Fb 305), 650 g
* Häkelnadel 7,0 mm
* Wollsticknadel
  ohne Spitze

MASCHENPROBE
Mit Nd 7,0 mm
2,5 Fächer und 6 R
= 10 cm x 10 cm

Fächer

4 Stb + 1 Lm in die gleiche M.

Anleitung

215 Lm anschl.
1. R: 3 Steige-Lm arb. In die 4. M von der Nd 3 Stb + 1 Lm häkeln. * 4 Lm überspringen, in die folgende M 4 Stb + 1 Lm arb (= 1 Fächer), ab * stets wdh. Die R endet mit 4 Stb in die letzte Lm (= 43 Fächer).
Die Arbeit wenden.
2. R: 3 Steige-Lm + 3 Stb + 1 Lm in die 1. M (letztes Stb der Vor-R) arb. * In das 1. Stb im nächsten Fächer 4 Stb + 1 Lm häkeln, ab * stets wdh.

3.-8. R: Wie die 2. R arb.
9. R: 7 Fächer häkeln, für die Öffnung 20 Lm arb, die folgenden 4 Fächer übergehen, ab dem 12. Fächer im Musterverlauf weiterhäkeln.
10. R: Fächer arb wie gewohnt, bei der Öffnung angekommen, in die 1., 5., 10., 15. Lm je 1 Fächer arb.
11.-17. R: Wie die 2. R häkeln.

Fertigstellen

Alle Fäden vernähen.

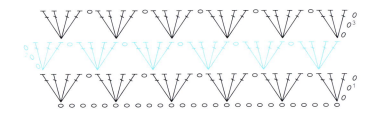

Granny-Liebe neu entdeckt!
Im Zentrum und mit witzigen
Details wird das Granny zum
neuen Fashion-Begleiter.

Granny-Addicted

Understatement im Quadrat

GRÖSSE

Granny 33 cm x 33 cm,
Seiten bis zur Spitze 118 cm

MATERIAL

* Schachenmayr original
  Universa (LL 125 m/50 g)
  in Grün Melange (Fb 173)
  und Smaragd (Fb 174),
  je 100 g, in Stroh (Fb 121),
  Koralle (Fb 133), Pink
  (Fb 136), Violett (Fb 149)
  und Capri (Fb 156), je 50 g
* Häkelnadel 4,0 mm
* 4 Maschenmarkierer
* Wollsticknadel ohne Spitze

MASCHENPROBE

Mit Nd 4,0 mm
20 Stb und 10 R
= 10 cm x 10 cm

HÄKELSCHRIFT

Seite 46

Anleitung

Granny

Hinweis: Nach Fertigstellung der
Rd wird der Faden immer abgeschnitten und die Rd beendet. Die neue Rd
wird mit der neuen Farbe und 2 Lm
für das 1. hStb oder 3 Lm für das
1. Stb begonnen.

Es wird in Rd gehäkelt.

1. Rd (Grün-Melange): Einen Magic-Ring
herstellen und 16 DStb in den Magic-Ring
häkeln. Faden abschneiden, Rd beenden.
2. Rd (Pink): Zwischen die DStb 1 Büschel-
M aus 2 Stb + 1 Lm arb.
3. Rd (Stroh): Zwischen die Stb der Vor-Rd
je 1 Büschel-M aus 3 Stb + 2 Lm häkeln.

4. Rd (Smaragd): Zwischen die Stb der Vor-
Rd je 2x 1 Büschel-M aus 2 Stb + 2 Lm arb.
5. Rd (Pink): In jeden Zwischenraum je
4 Stb + 1 Lm häkeln.
6. Rd (Koralle): In jede M 1 hStb arb
(= 80 hStb).
7. Rd (Violett): 1 Rd in Stb häkeln, dabei
jede 5. M verdoppeln (= 96 Stb).
8. Rd (Capri): In jedes vordoppelte Stb der
Vor-Rd 7 Stb arb, in das drittfolgende Stb
1 fM häkeln (= 16 Bögen).
9. Rd: In dieser Rd werden die Ecken ausgearbeitet, dazu mit je 1 M-Markierer jeden 4. Bogen kennzeichnen. In Pink in die
Bögen 3 Stb arb, zwischen die Bögen in
die fM der Vor-Rd 3 DStb häkeln, in den
markierten Bogen 3 DStb + 4 Lm + 3 DStb
arb.

10. Rd (Stroh): In jede M 1 fM, um die 4 Lm der Vor-Rd (Ecke) 5 fM arb.

11. Rd (Stroh): In jede Ecke 3 DStb + 3 Lm + 3 DStb häkeln, * 2 M übergehen, in die folgende M 3 Stb arb. Ab * 8x wdh.

12. Rd (Violett): In jeden Zwischenraum 1 Büschel-M aus 3 Stb + 2 Lm, in die Ecken 3 Stb + 3 Lm + 3 Stb häkeln.

13. Rd (Smaragd): In jeden Zwischenraum 3 Stb, in die Ecken 3 Stb + 3 Lm + 3 Stb arb.

14. Rd (Koralle): Wie die 12. Rd häkeln.

15. Rd (Capri): Wie die 13. Rd arb.

16. Rd (Stroh): Wie die 12. Rd häkeln.

17. Rd (Pink): Wie die 13. Rd arb, in die Ecken 8 Stb häkeln.

Schal-Seiten

Es wird in R weitergehäkelt.
Für die 1. Schalseite in das 4. Stb einer Ecke in Grün Melange anschlingen, 3 Steige-Lm anschl und über die ganze Hinr bis zum 4. Stb in der anderen Ecke Stb häkeln. Dabei die letzten 2 Stb zusammen abmaschen. Arbeit wenden. Die Rückr beginnt mit 3 Steige-Lm, das 2. + 3. Stb zusammen abmaschen.

3.-20. R: In Hinr immer die letzten 2 Stb zusammen abmaschen, in den Rückr die 2. + 3. Stb zusammen abmaschen.
Ab der 21. R nur noch in den Rückr das 2. + 3. Stb zusammen abmaschen.
Die 2. Schalseite in Smaragd gegengleich arb.

Das Dreieckstuch mit fM in Violett umhäkeln.

Spiralzapfen

15 Lm in Pink anschl und in jede M je 5 Stb häkeln. Fäden zusammenknoten. Noch zwei weitere Spiralzapfen mit 20 Lm in Violett und 25 Lm in Stroh anfertigen.

Fertigstellen

Die Fäden vernähen. An den Schalenden jeweils eine bunte Quaste (siehe Seite 14) anbringen und an der Spitze die Spiralzapfen annähen.

Regenbogenfarben mit Glitzer-
effekt. Durch die Perlen werden
neue Akzente gesetzt.

Color your Life

Regenbogen-Schnecke für Fashion-Victims

GRÖSSE

Durchmesser des Kreises 20 cm
Schalbreite einfach 10 cm
Länge 150 cm

MATERIAL

* Schachenmayr original Merino
  Extrafine 85 (LL 85 m/50 g) in
  Pink (Fb 237), Maracuja (Fb 221),
  Orange (Fb 225), Anis (Fb 274),
  Royal (Fb 251) und Capri (Fb 268),
  je 100 g
* Häkelnadel 6,0 mm
* je 21 Glas-Schliffperlen „Magic
  Flair" in Gelb, Orange, Pink, Roy-
  alblau, Türkis und Immergrün,
  ø 0,6 cm
* Wollsticknadel ohne Spitze

MASCHENPROBE

Mit Nd 6,0 mm 11 Stb und 6 R
= 10 cm x 10 cm

HÄKELSCHRIFT

Seite 47

Farbfolge

Pink, Orange, Maracuja, Anis, Capri,
Royal

Hinweis: Es wird mit doppeltem
Faden gearbeitet.

Anleitung

Zu Beginn als Vorbereitung auf jedes
Knäuel etwa 10 Perlen in der passenden Farbe auffädeln. Die Perlen werden nach und nach beim Häkeln mit
verarbeitet.
In Pink 10 M locker anschl und mit
1 Km zur Rd schließen.

1. Rd: * 1 Lm, 1 hStb, 3 Stb in den Ring
arb *, den Faden ruhen lassen. Dabei
die Schlinge groß ziehen und die Nd
herausnehmen, da mit der Schlinge
später weitergehäkelt wird.
Nun in Orange nach den Stb in Pink
von * bis * wdh, den Faden ruhen lassen, die Schlinge groß ziehen und die
Nd herausnehmen.
In dieser Weise jede weitere Fb in der
Fb-Folge arb.
2. Rd: In Pink in das 1. hStb in Royal-
blau * 2 Stb arb, in die folgenden M
1 Stb, 2 Stb, 1 Stb häkeln *. Pink ruhen
lassen. Mit Orange auf Pink von * bis *
stets wdh.
Auf diese Weise jede weitere Fb in der
Fb-Folge arb.

3. Rd: In jedes einzelne Stb der Vor-Rd wieder je 1 Stb häkeln, in jedes verdoppelte Stb der Vor-Rd 2 Stb arb (= 18 Stb).

Nicht über die 4. Rd hinaus häkeln. Nun werden die Stb für das Schal-Teil angesetzt.

Es wird in R gearbeitet. Dazu in Pink 1 U und in die 19. M einstechen, den Faden holen (3 Schlingen auf der Nd), den Faden erneut holen und durch die 1. Schlinge auf der Nd ziehen. Das ergibt die Lm für das folgende Stb. Jetzt den Faden wieder holen, durch 2 Schlingen durchziehen, abschließend den Faden holen und durch die restlichen 2 Schlingen ziehen.

* 1 U, in die vorbereitete Lm einstechen, den Faden holen (3 Schlingen auf der Nd), den Faden erneut holen und durch die 1. Schlinge auf der Nd ziehen. Das ist die Lm für das folgende Stb. Jetzt den Faden wieder holen, durch 2 Schlingen durchziehen, abschließend den Faden holen und durch die restlichen 2 Schlingen ziehen *.

Von * bis * 103x wdh. Die R mit 10 Lm (= Franse) beenden.

In Orange auf die R in Pink Stb häkeln, das 28. und 29. Stb zusammen abmaschen, 7 weitere Stb häkeln, die folgenden 2 Stb wieder zusammen abmaschen. Bis an das Ende der R Stb häkeln. 3 weitere Stb neu ansetzen und 10 Lm als Fransen häkeln. R beenden.

Die R in der Fb-Folge arb und die Zu- und Abnahmen wie in der Vor-R häkeln.

Ein 2. Schalteil gleich arb.

Mein Tipp für Sie

Kontraste Sie können die Perlen auch farblich nicht passend zum Garn auffädeln, um noch einen Farbeffekt zu erzielen.

Fertigstellen

Die Schnecke versetzt aufeinander (links auf links) und die Schalteile nebeneinander legen, sodass die Seiten in Pink sich berühren. Die Öffnung in der Schnecke kann zum Ausrichten dienen. Die Kanten in Pink Stoß an Stoß aneinandernähen. Den blauen unteren Rand der Schnecke über 2 cm zusammennähen, so kann das lange Schalende durch die Schnecke gezogen werden.

Einfach schön. Ein Tuch
in gesetzten Farben wirkt
schön und edel.

Pure Grey

dezenter Ton für jedes Outfit

GRÖSSE
Breite 160 cm
Höhe 70 cm

MATERIAL
* Schachenmayr original
  Boston (LL 55 m/50 g)
  in Graphit (Fb 197),
  400 g
* Häkelnadel 8,0 mm
* Wollsticknadel
  ohne Spitze

MASCHENPROBE
Im Bogenmuster
mit Nd 8,0 mm
4,5 Bögen und 11 R
= 10 cm x 10 cm

Bogenmuster
Jede R beginnt mit 3 Steige-Lm und 1 fM in
den 1. Bogen der Vor-R und endet mit 1 fM
+ 3 Lm + 1 fM in den letzten Bogen.

Anleitung

1. R: 5 Lm anschl, 1 fM in die 1 Lm häkeln,
Arbeit wenden.
2. R: 3 Lm, 1 fM, 3 Lm, 1 fM in den Bogen
häkeln. Arbeit wenden (= 2 Bögen).
3. R: 3 Lm + 1 fM in den 1. Bogen, 3 Lm
+ 1 fM in jeden folgenden Bogen. 3 Lm
+ 1 fM zusätzlich in den letzten Bogen
häkeln. Arbeit wenden (= 3 Bögen).
4.-70. R: Die 3. R stets wdh.

Fertigstellen
Die Fäden vernähen.

Love your Granny Stripes

endless Loop in bunten Farben

GRÖSSE
Umfang ca. 100 cm
Höhe 42 cm

MATERIAL
* Schachenmayr original Micro Grande (LL 200 m/100 g) in Pflaume (Fb 147), Petrol (Fb 169), Sonne (Fb 121), Olive (Fb 174), Natur (Fb 102) und Kiwi (Fb 172), je 100 g
* Schachenmayr original Micro (LL 145 m/ 50 g) in Mint (Fb 172) und Orange (Fb 26), je 50 g
* Häkelnadel 6,0 mm
* Wollsticknadel ohne Spitze

MASCHENPROBE
Im Grundmuster
mit Nd 6,0 mm
3 Stb-Gruppen und 10 R
= 10 cm x 10 cm

Farbfolge

Kiwi, Natur, Petrol, Natur, Orange, Natur, Pflaume, Natur, Mint, Natur, Sonne, Natur, Olive, Natur, Orange, Natur, Apfel, Natur, Pflaume, Natur, Petrol

Anleitung

In Kiwi 160 Lm + 3 Steige-Lm anschl, in die 4. Lm von der Nd aus 1 Stb arb, in die folgende Lm 1 Stb häkeln, * 1 M übergehen, je 3 Stb + 1 Lm in die nächsten 3 Lm häkeln. Ab * stets wdh (= 40 Stb-Gruppen). Die R endet mit 1 Lm. 1 Lm bleibt bestehen.
Die R der Länge nach ausbreiten. Die linke Seite festhalten, die rechte Seite in sich um 180° drehen.
Die R mit 1 Km in die 1. Steige-Lm (= R-Anfang) zur Rd schließen.

2. Rd (Natur): In die Km der Vor-R die 1. fM häkeln, * 3 Lm arb, die Stb-Gruppe übergehen, in die folgende Lm (zwischen den Stb-Gruppen) 1 fM arb *. Von * bis * stets wdh. Zunächst wird auf der Unterseite der 1. Rd gehäkelt. Durch die Drehung um 180° umhäkelt man auch die Oberseite und schließt die Rd mit 1 Km in die 1. fM.

3. Rd (Petrol): In den 1. Lm-Bogen 3 Steige-Lm + 2 Stb + 1 Lm häkeln, * in den nächsten Lm-Bogen 3 Stb + 1 Lm arb. Ab * stets wdh. Die Rd mit 1 Km in die 3. Steige-Lm beenden. In der Fb-Folge weiterarb.

4.-8. Rd: Die 2. und 3. Rd stets wdh.

9.-12. Rd: In jede 10. Stb-Gruppe 4 Stb (Rd in Natur: 4 Lm) häkeln.

13.-21. Rd: In jede 5. Stb-Gruppe 4 Stb (Rd in Natur: 4 Lm) arb.

Fertigstellen

Alle Fäden vernähen

Garnfäden gekonnt in Szene gesetzt. Durch die Kombination unterschiedlicher Farben entstehen tolle Effekte.

La vie en Rose

Pastell in Szene gesetzt

GRÖSSE
Breite 107 cm
Höhe 160 cm

MATERIAL
* Schachenmayr original Catania (LL 125 m/ 50 g) in Natur (Fb 105), Orchidee (Fb 222) und Fango (Fb 387), je 200 g
* Häkelnadel 8,0 mm
* Wollsticknadel ohne Spitze

MASCHENPROBE
Im Lochmuster
mit Nd 8,0 mm
4 hStb + 6 Lm und 7 R
= 10 cm x 10 cm

Hinweis: Es wird mit dreifachem Faden gehäkelt. Nur in Hinr arb und die Fäden nach jeder R abschneiden.

Farbfolge
1. R: 3 Fäden in Weiß
2. R: 2 Fäden in Weiß, 1 Faden in Fango
3. R: 3 Fäden in Fango
4. R: 2 Fäden in Fango, 1 Faden in Orchidee
5. R: 3 Fäden in Orchidee
6. R: 2 Fäden in Orchidee, 1 Faden in Weiß
7. R: 3 Fäden in Weiß
Die 1.-7. R stets wdh.

Anleitung

In Weiß einen Faden von 10 cm Länge stehen lassen.
104 Lm + 1 Wende-Lm anschl.
1. R: Ab der 3. Lm von der Nd *4 hStb + 6 Lm arb. 6 Lm übergehen, ab * stets wdh. Die R endet mit 4 hStb. Den Faden 10 cm lang hängen lassen und abschneiden. Daraus werden später die Fransen gefertigt.

2. R: Am Anfang der Vor-R in das 1. hStb einstechen, die 3 Fäden in der nächsten Fb-Kombination durchziehen und mit einem Knoten befestigen. 1 Lm, * in die folgenden 4 M je 1 hStb + 6 Lm. 6 Lm übergehen. Ab * stets wdh. Die R endet mit 3 hStb.
Nach Farbfolge die 2. R stets wdh, dabei in jeder R 1 M weniger arb. Auf diese Weise werden die R immer kürzer. Diesen Vorgang so häufig wdh bis nur noch 1 M übrig bleibt.

Fertigstellen

Die Fäden auf beiden Seiten des Häkelstücks auf die gleiche Länge schneiden. Nun auf jeder Seite jeweils die Fäden von 6 R zusammen knoten.

Warme Schultern und doch bewegungsfrei. Dieser Poncho mit seinen dicken Maschen kann beides.

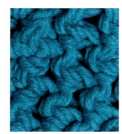  

Ice, Ice, Baby

cooler Style für Wintertage

GRÖSSE

Breite oben 30 cm
Breite unten 50 cm
Höhe 43 cm

MATERIAL

* Schachenmayr original Boston (LL 55 m/50 g) in Mint (Fb 66), 300 g, in Aqua (Fb 164), 150 g und in Kardinal (Fb 137), 50 g
* Häkelnadel 12,0 mm
* Wollsticknadel ohne Spitze

MASCHENPROBE

Im Grundmuster
mit Nd 12,0 mm
6 hStb und 6 R
= 10 cm x 10 cm

Grundmuster

Der Poncho wird mit doppeltem Faden in Rd mit hStb gehäkelt, dabei jedes hStb nicht in die M, sondern hinter die M um den Umschlagfaden des hStb der Vor-Rd häkeln. Jede Rd beginnt mit 1 Steige-Lm.

Anleitung

In Mint 60 Lm locker anschl und mit 1 Km zur Rd schließen.
1. Rd: 1 Lm als Steige-Lm überspringen, 59 hStb arb, die Rd mit 1 Km schließen.
2.-7. Rd: Im Grundmuster arb.

8.+9. Rd (Aqua): Die Arbeit auf die linke Seite wenden und im Grundmuster arb.
10.-12. Rd: In jeder Rd 6x 2 hStb zusammen abmaschen.
13.-15. Rd: Im Grundmuster arb.
16.-23 Rd (Mint): Die Arbeit wieder auf die rechte Seite wenden und im Grundmuster häkeln.
24. Rd: Die letzte Rd in fM häkeln, dabei immer um den Umschlagfaden arb.

Fertigstellen

Die Fäden vernähen. In Kardinal eine dicke Kordel von 120 cm Länge herstellen und mittig durch jede 4. M ziehen.

Granny-Collection

cooler Eyecatcher im Granny-Style

GRÖSSE
Länge 200 cm
Breite 30 cm

MATERIAL
* Schachenmayr original Micro Grande (LL 200 m/100 g) in Pflaume (Fb 147), 100 g, in Kiwi (Fb 172), Pink (Fb 136), Capri (Fb 168) und Orange (Fb 125), je 200 g
* Häkelnadel 8,0 mm
* Wollsticknadel ohne Spitze

MASCHENPROBE
1 Granny
= 10 cm x 10 cm

Anleitung

Insgesamt je 8 Grannys in Orange, 8 Grannys in Capri, 8 Grannys in Kiwi und 13 Grannys in Pink häkeln.

Granny

Einen Magic-Ring fertigen und wie folgt häkeln:

1. Rd: 2 Steige-Lm, 1 Stb, 1 Lm (= 1. Büschel-M), * 2 Stb in 1 M arb und zusammen abmaschen (= 2. Büschel-M), 1 Lm. Ab * 4x wdh (= 6 Büschel-M). Die Rd mit 1 Km in das 1. Stb schließen. 1 weitere Km unter den Lm-Bogen der 1. Rd arb (zwischen die Büschel-M).

2. Rd: In den 1. Lm-Bogen 2 Steige-Lm, 1 Stb, 1 Lm, 1 Büschel-M arb. In den nächsten Lm-Bogen * 1 Büschel-M, 1 Lm, 1 Büschel-M, 1 Lm häkeln, ab * noch 4x wdh. Die Rd mit 1 Km in das 1. Stb schließen. 1 weitere Km unter den Lm-Bogen der 2. Rd arb.

3. Rd: In den 1. Lm-Bogen 2 Steige-Lm, 1 Stb, 1 Lm arb. In den nächsten Lm-Bogen 1 Büschel-M und 1 Lm häkeln. In den folgenden Lm-Bogen 1 Büschel-M, 1 Lm, 1 Büschel-M aus 2 DStb, 1 Lm, 1 Büschel-M, 1 Lm arb (= Ecke). * In den nächsten Lm-Bogen 1 Büschel-M, 1 Lm, in den nächsten Lm-Bogen 1 Büschel-M, 1 Lm, in den nächsten Lm-Bogen die Ecke wdh. Ab * noch 2x wdh. Die Rd mit 1 Km in das 1. Stb schließen.

Fertigstellen

Die Fäden vernähen. Die Granny Squares nebeneinander legen und sie entsprechend des Fotos anordnen: Die Grannys in Pink in der Mitte platzieren, die Grannys in Orange, Capri und Kiwi jeweils an den oberen und unteren Kanten ansetzen. Nun die einzelnen Squares in Pflaume mit fM zusammenhäkeln. Zum Schluß den ganzen Schal in Pflaume mit 1 R fM umhäkeln.

Richtig ergänzen. In dem
passenden Ton kann ein
unifarbenes Garn ein Effektgarn schön begleiten.

Pimp your Poncho

grüne Highlights für das Lieblingsstück

GRÖSSE

Teil in Lova:
Länge 106 cm, Breite 46 cm
Teil in Steingrau:
Länge 35 cm, Breite 30 cm

MATERIAL

* Schachenmayr original Lova
  (LL 50 m/50 g) in Grau-Grün
  Spot (Fb 83), 400 g

* Schachenmayr original
  Merino Super Big Mix
  (LL 80 m/100 g) in Stein-
  grau (Fb 90), 200 g, und in
  Golfgrün (Fb 70), 200 g

* Häkelnadel 10,0 mm

* Wollsticknadel ohne Spitze

MASCHENPROBE

Mit Nd 10,0 mm
9 Stb und 4 R Stb + 3 R fM
= 10 cm x 10 cm

Anleitung

Für das große Teil in Lova 90 Lm anschl,
Arbeit wenden.
1. R: 1 Steige-Lm und 1 fM in die gleiche
M, die R in fM weiter arb. Arbeit wenden.
2. R: 3 Steige-Lm als Ersatz für das 1. Stb
arb, in jede weitere M 1 Stb häkeln.
3.-32. R: Die 1. und 2. R im Wechsel häkeln.
Die Arbeit beenden, und die Fäden vernähen.
In Steingrau die ersten 26 M des großen
Teils mit 1 R fM behäkeln und weiter noch
21 R wie gehabt in Stb und fM im Wechsel
arb.

Fertigstellen

Den Poncho links auf links zusammen-
legen (großes Teil aus Lova) und das
kleine Teil in Steingrau gegenüberlie-
gend annähen.
Den Halsausschnitt von der linken Seite
mit fM in Golfgrün umhäkeln und in Golfgrün Fransen rund um die lange Seite in
Lova anbringen.
Für die Blume in Golfgrün 15 Lm anschl,
in jede M 1 hStb, 3 Stb, 1 fM arb. Zu einer
Blüte formen und festnähen.

Boho-Chic für Blumenmädchen

Flowerpower in sanften Tönen

GRÖSSE
Breite 160 cm
Höhe 112 cm

MATERIAL
* Schachenmayr origi-
  nal Catania Grande
  (LL 63 m/50 g) in
  Leinen (Fb 3248),
  750 g, und in Cyclam
  (Fb 3114), 100 g
* Häkelnadeln 4,0 mm
  und 6,0 mm
* Wollsticknadel
  ohne Spitze

MASCHENPROBE
Im V-Muster
mit Nd 6,0 mm
15 M und 8 R
= 10 cm x 10 cm

V-Muster

V = Stb, Lm, Stb.
In jedes V der Vor-R 1 Stb, 1 Lm, 1 Stb arb.
Die R beginnt immer mit 3 Steige-Lm + 1 Lm
(Ersatz für das 1. Stb + 1 Lm) und endet mit
1 Stb in die 3. Steige-Lm der Vor-R.

Anleitung

Dreieckstuch

1. R: 3 Steige-Lm + 1 Lm anschl (Ersatz für
das 1. Stb + 1 Lm), 1 Stb + 1 Lm + 1 Stb +
1 Lm + 1 Stb in die 1. M arb. Arbeit wenden.

2. R: 4 Steige-Lm, 1 Stb in die 1. M, 1 Stb +
1 Lm + 1 Stb zwischen das 2. und 3. Stb der
Vor-R, 1 Stb in die 3. Steige Lm der Vor-R.
3. R: 4 Steige-Lm, 1 Stb in die 1. M, jeweils
1 Stb + 1 Lm + 1 Stb in die folgenden Vs der
Vor-R, die R beenden mit 1 Stb in die 3. Steige-Lm der Vor-R.
4.-58. R: Die 3. R stets wdh.
Abschließend das Tuch mit fM und Lm
im Wechsel umranden.

Blume

Für die Blume mit Nd 4,0 mm in Cyclam
einen Magic-Ring herstellen und 10 fM
in den Magic-Ring arb, mit 1 Km die Rd
schließen. * In die 1. fM 5 Stb häkeln, in
die nächste fM 1 Km arb *. Von * bis * 4x
wdh.
Beliebig viele Blumen anfertigen.

Fertigstellen

Die Fäden vernähen und die Blümchen am
Tuch festnähen.

Aus dicken Garnen lässt sich ein tolles Accessoire im Handumdrehen häkeln. Das warme Braun verbindet die begleitenden Farben.

Natur trifft Masche

kuscheliger Begleiter in warmen Tönen

GRÖSSE

Breite 180 cm
Höhe 44 cm

MATERIAL

* Schachenmayr original Bravo Big (LL 120 m/ 200 g) in Taupe (Fb 110), 400 g, in Smaragd (Fb 171), Sienna (Fb 125) und Gold (Fb 122), je 200 g
* Häkelnadel 10,0 mm
* Knopf, ø ca. 4 cm
* Wollsticknadel ohne Spitze

MASCHENPROBE

Mit Nd 10,0 mm
7 DStb und 2 R DStb + 2 R fM
= 10 cm x 10 cm

Anleitung

Es werden nur Hinr gehäkelt.
Jede R/Farbe beenden und den Faden abschneiden.
In Taupe 120 Lm anschl.
1. Hinr (Taupe): 1 R fM häkeln.
2. Hinr (Gold): 3 Steige-Lm in die 1. M arb, in jede folgende M 1 DStb häkeln, abschließend in die letzte M 2 DStb arb.
3. Hinr (Taupe): Wie die 1. R häkeln.
4. Hinr (Smaragd): Wie die 2. R arb.
5. Hinr (Taupe): Wie die 1. R häkeln.
6. Hinr (Sienna): Wie 2. R arb.
7. Hinr (Taupe): Wie die 1. R häkeln.
8.-21. Hinr: Die 2.-7. R noch 2x wdh.

Fertigstellen

Die Fäden vernähen.
Der Schal kann offen oder geknöpft getragen werden. Um den Knopf anzubringen, den Schal so über den Nacken legen, dass beide Seiten gleich lang sind. Nun die Schalseiten am Rücken Stoß an Stoß zusammenführen und den Knopf auf einer Schalseite auf Wunschhöhe annähen. Der Knopf wird durch die Maschen des Häkelstückes geschlossen.

Mit aufgehäkelten Mustern wird eine neue Optik geschaffen.

Hart gegen den Wind

Loop mit Wellengang

GRÖSSE
Breite 42 cm
Höhe 37 cm

MATERIAL
* Schachenmayr original Merino Extrafine 40 (LL 40 m/50 g) in Enzian (Fb 353) und Royal (Fb 351), je 200 g, in Capri (Fb 368), Smaragd (Fb 377) und Weiß (Fb 301), je 100 g
* Häkelnadeln 5,0 mm und 8,0 mm
* Wollsticknadel ohne Spitze

MASCHENPROBE
Im Grundmuster
mit Nd 8,0 mm
13 R und 9 fM
= 10 cm x 10 cm

Grundmuster

Der Loop wird in flachen fM gehäkelt, dabei die flachen fM immer in den M-Körper arb. Das heißt, dass unter den beiden waagerechten Schlingen eingestochen wird. Jede Rd beginnt mit 1 Lm + 1 fM in die 2. M und endet mit 1 Km in die Lm vom Rd-Anfang.

Farbfolge

8 Rd in Enzian, 8 Rd in Royal, 8 Rd in Smaragd, 8 Rd in Capri, 8 Rd in Royal, 8 Rd in Enzian

Anleitung

75 Lm anschl und mit 1 Km zur Rd schließen.
Die 1. Rd beginnt mit 1 Steige-Lm, weiter in jede Lm 1 (normale) fM arb, mit 1 Km in die 1. Steige-Lm die Rd beenden.
Ab der 2. Rd im Grundmuster pro Fb je 8 Rd arb. Dabei stets mit 1 Steige-Lm beginnen und mit 1 Km in die 1. Steige-Lm enden. Im weiteren Verlauf die Fb-Folge beachten.
Für die Welle in Weiß mit Nd 5,0 mm lockere Km im beliebigen Wellenmuster auf den Loop häkeln, dabei den Faden von unten (Loop Innenseite) holen. In die Km 2 Rd fM häkeln.

Fertigstellen

Die Fäden vernähen.

Granny-Addicted
SEITE 22

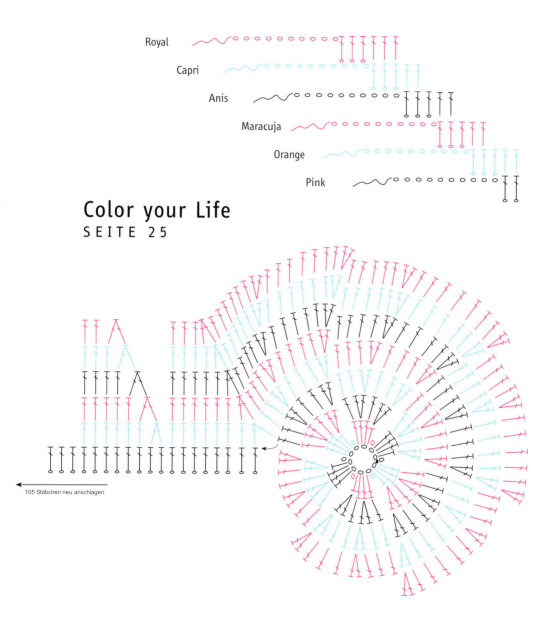

Royal
Capri
Anis
Maracuja
Orange
Pink

Color your Life
SEITE 25

105 Stäbchen neu anschlagen

Magdalena Melzer ist 36 Jahre alt und hat die Begeisterung zur Handarbeit schon als Kind entdeckt. In ihrem Beruf als Zerspanungsmechanikerin konnte sie ihre handwerkliche Kreativität beweisen. Mit den Kindern entdeckte sie das Häkeln aufs Neue, und bunte Wolle zieht sie seitdem magisch an. Im Jahr 2012 eröffnete sie unter dem Label Curlyz ihr eigenes Kleinunternehmen, und die große Leidenschaft gehört nun dem Entwerfen und Häkeln von farbenfrohen Eigenkreationen. In jeder freien Minute findet man sie, und mittlerweile auch ihre großen Kinder, häkelnd zwischen Bergen von Wolle und inmitten von vielen bunten Mützen, die gerade entstehen.

DANKE!

Wir danken den Firmen Coats GmbH, Union Knopf und Rayher für die Unterstützung bei diesem Buch:
Coats GmbH Kenzingen
www.schachenmayr.com
www.coatsgmbh.de
Union Knopf GmbH
www.unionknopf.com
Rayher Hobby GmbH
www.rayher-hobby.de

TOPP – Unsere Servicegarantie

WIR SIND FÜR SIE DA! Bei Fragen zu unserem umfangreichen Programm oder Anregungen freuen wir uns über Ihren Anruf oder Ihre Post. Loben Sie uns, aber scheuen Sie sich auch nicht, Ihre Kritik mitzuteilen – sie hilft uns, ständig besser zu werden.

Bei Fragen zu einzelnen Materialien oder Techniken wenden Sie sich bitte an unseren Kreativservice, Frau Erika Noll.
mail@kreativ-service.info
Telefon 0 50 52 / 91 18 58

Das Produktmanagement erreichen Sie unter:
pm@frechverlag.de
oder:
frechverlag
Produktmanagement
Turbinenstraße 7
70499 Stuttgart
Telefon 07 11 / 8 30 86 68

LERNEN SIE UNS BESSER KENNEN! Fragen Sie Ihren Hobbyfach- oder Buchhändler nach unserem kostenlosen Magazin **Meine kreative Welt**. Darin entdecken Sie dreimal im Jahr die neuesten Kreativtrends und interessantesten Buchneuheiten.

Oder besuchen Sie uns im Internet! Unter **www.topp-kreativ.de** können Sie sich über unser umfangreiches Buchprogramm informieren, unsere Autoren kennenlernen sowie aktuelle Highlights und neue Kreativtechniken entdecken, kurz – die ganze Welt der Kreativität.

Kreativ immer up to date sind Sie mit unserem monatlichen **Newsletter** mit den aktuellsten News aus dem frechverlag, Gratis-Anleitungen und attraktiven Gewinnspielen.

IMPRESSUM

FOTOS: frechverlag GmbH, 70499 Stuttgart; lichtpunkt, Michael Ruder, Stuttgart
MAKE-UP: Diekmann Face Art, Ludwigsburg
PRODUKTMANAGEMENT: Mareike Upheber
LEKTORAT: Petra Puster, Niederpöcking
GESTALTUNG: Petra Theilfarth
DRUCK: Finidr s.r.o., Tschechische Republik

1. Auflage 2015

© 2015 **frechverlag** GmbH, 70499 Stuttgart

ISBN 978-3-7724-6957-2 • Best.-Nr. 6957